언어재활사의 부모상담 기술

언어재활사의 부모상담 기술

발 행 | 2021년 04월 08일
저 자 | 김보영
펴낸이 | 한건희
펴낸곳 | 주식회사 부크크
출판사등록 | 2014.07.15.(제2014-16호)
주 소 | 서울특별시 금천구 가산디지털1로 119 SK트윈타워 A동 305호
전 화 | 1670-8316
이메일 | info@bookk.co.kr

ISBN | 979-11-372-4202-9

www.bookk.co.kr

언어재활사의 부모상담 기술

김보영 지음

CONTENT

서문

서 문

사람이 살면서 참 힘들 때도 있고, 너무 행복해서 불안하기까지 할 때도 있다. 좋은 것이 있다면 안 좋은 것이 있고 행복할 때가 있다면 일이 좀 안 풀릴 때도 있다. 이것은 살아가면서 반복하여 겪는 과정이라고 생각한다.

내가 처음으로 언어 치료를 하고부터 13년 차가 될 때까지 겪었던 경험을 토대로, 상담이 힘들어서 고민하는 선생님이나 상담하는 방법을 고민하는 선생님, 심리적으로 스트레스가 심한 선생님들께 조금이라도 도움을 주고자 이 글을 써본다.

기억하면 좋겠다. 모든 것은 가장 편안할 때 잘 흘러간다는 것을. 그리고 삶이 내 마음대로 되지 않는다고 생각될 때 흐르는 대로 삶을 인정해보자.

치료사이자 언어 재활사로서, 그리고 한 인간으로서 상대를 인정할 수 있는 용기와, 내 자신을 있는 그대로 사랑할 수 있는 힘, 모두가 잘 살아가기를 바라는 이타적인 마음을 가진다면 우리 삶에 평온과 행복이 깃들 것이다. 그리고 그 모든 것을 하루하루의 일상에 녹여낼 수 있다면 상담의 기술 같은 것은 필요 없을지도 모른다.

먼저 마음 내어 배려하는 말 한마디, 행동은 당신에게 더 크나큰 사랑으로 되돌아 올 것이다.

살아 있는 동안 할 수 있는 데까지 사랑하라.

－웨인 다이어, 『치우치지 않는 삶』中에서－

2021. 4. 8. 봄을 느끼며, 김보영

01. 언어 치료를 시작하며

부모 상담 기술

왜 언어 치료를 하는가?

 진로를 결정하던 고등학교 시절, 나는 유아특수언어재활과를 선택하였다. 누군가에게 도움을 주고 싶었기 때문이다. 부모님께서는 힘들지 않겠냐고 걱정하셨지만 나는 "나중에 잘한 선택이라고 말하게 될 거에요."라고 무한 자신감을 내보이며 온전한 나의 선택으로 유아특수언어재활과를 가게 되었다. 그로부터 15년이 지났다. 2021년 지금 13년차 언어 치료사로서 희린아동청소년발달센터를 운영하고 있다. 왜 언어 치료를 하느냐고? 나의 대답은 같다. 아이들에게 도움을 주고 더 나아가 부모님의 마음도 토닥여 주고 싶기 때문이다.

 여러분도 본인에게 직접 물어보길 바란다. '언어 치료를 왜 하고 싶은가?' 일기장에 이유를 적어보는 것도 좋은 방법이다. 그 이유를 알고 시작하는 것이 내적 갈등이 특히 많은 언어 치료사로서 살아가는 데 큰 힘이 될 것이다.

두근두근, 떨리는 첫 언어 치료

 누구에게나 처음은 존재한다. 나에게도 첫 언어 치료가 있었고 그렇게 하루하루가 쌓여 13년의 세월이 지났다. 언어 치료를 하며 가장 많이 들었던 생각은 '내가 똑바로 하고 있는 것이 맞을까?'라는 것이었다. 열심히 준비를 해서 아이들과 수업했는데, 내 생각처럼 아이들은 따라주지 않는다. 그리고 부모 상담을 하며 '내가 도대체 무슨 말을 하고 있지?'라는 생각까지 든다. 그렇게 하루하루를 보내면 미로에 빠진 느낌까지 들면서 책도 찾아보고, 검색도 해보고 언어 치료 카페에 하소연 글도 써보게 된다. 함께 일하는 선배 언어 치료사가 있다면 조언도 구해볼 수 있지만, 선배 치료사도 수업한다고 바쁜 것 같아서 매번 편하게 물어보기도 힘들다. 2009년 나의 첫 직장에서 난 홀로 언어 치료사로 일했다. 물어볼 사람도 아무도 없었고, 그렇게 혼자서 견뎌내야 했기에 매우 힘들었다. 일을 시작하고 얼마 지나지 않아서 살면서 처음으로 심한 몸살 기운을 느꼈다. 하지만 시간이 지나고 보니 헛된 시간은 없었다. 그런 하루하루가 모여서 13년 차 언어 치료사가 된 것이다. 이제 첫 언어 치료를 시작하는 치료사 선생님들이나 경력이 좀 적어서 부모 상담에 어려움이 있는 치료사 선생님들은 힘내시길 바란다. 지금 많이 힘들겠지만 충분히 잘하고 있으며 그 시간들이 있기에 더욱 단단해지고 있다고 믿기 바란다. 그러한 시간들이 모여 내가 되는 것이니, 지금 이 시간의 값어치를 알고 하루를 보내는 것이 가장 좋다고 생각했으면 좋겠다. 너무 잘하려 애쓰지 않아도 된다. 아이들을 진심으로 생각하는 마음으로 수업 준비를 하고, 수업하면서 아이들이 마음만큼 따라와 주지 않아도 아이들을 그대로 인정하고, 그들을 더욱 발달시키기 위해 어떤 수업 방법이 있을지 고민하고, 연구하고 공부하는 것, 그냥 그거면 된다.

가장 어렵게 느껴지는 부모 상담을 할 때 중요한 것은 부모의 말에 경청하고 적절히 공감해 주면서, 부모가 좌절하는 모습이 보이면 지지하고 격려해주는 것이라고 생각한다. 자녀가 수업 시간에 보인 행동을 전달할 때에는 있는 그대로 말하되, 부정적 메시지보다는 긍정적인 내용에 초점을 두고 이야기하면 좋다. 물론 실제 수업 시간에 실행이 안 됐던 것이 많았을 수도 있다. 그러나 부모들은 우리 아이가 안되는 것이 무엇인지도 알고 싶어하지만, 잘했던 것도 알게 되면 가정에서 아이와 함께 잘했던 것에 초점을 두고 반복해서 연습하려고 할 것이다.

물론 지금 모든 게 지쳐있는 상태일지도 모르겠다. 나 자신의 상황이 좋지 않다면 누군가를 치료할 에너지가 부족한 상태일지도 모르고 답이 없는 길을 걷는 느낌이 너무 싫을지도 모르겠다. 그래서 왜 내가 언어치료를 하는지 글로 명확하게 적어보면 도움이 된다. 나도 답이 있는 것을 좋아한다. 계획대로 진행되고 내 생각대로 일이 진행될 때 가장 안정감을 느끼는 성향이다. 그렇기 때문에 언어치료사로서 더 힘겨웠던 적도 많았던 것 같다. 하지만 경험이 쌓이다 보니 인정하는 힘을 알게 되었고, 내 마음의 본질대로 조금이라도 도움을 줄 수 있는 것에 성취감을 느낄 수 있었다. 아이가 성장이 더디다고 생각될 때 첫 수업 때 아이의 상황을 생각해 보라. 아이는 아이의 속도에 맞게 선생님께서 목표한 바로 수업한 것에 변화가 있었을 것이다.

진심으로 아이가 발달해 주길 바라는 마음으로 수업 준비를 고민하는 것, 공부하며 연구하는 것. 무엇이 더 필요한가?

수업 준비는 어떻게 할까?

 3~6세 영유아 언어발달지연아동, 지적장애, 발달장애, ADHD, 학습부진, 경계선지능아동 등 다양한 연령대의 다양한 사례들을 만나게 될 것이다. 예를 들어 7세 지적 장애 아동을 만나 사회성 언어 표현 지연과 발음 수업을 할 수 있고, 13세이지만 사회성이 부족하여 상황에 적합한 언어 표현 학습을 해야 하는 아이를 만날 수도 있다. 7세와 13세 대상자 모두 상황에 적합한 사회성 훈련과 언어 표현 학습이 필요할 수 있지만, 두 대상자가는 각각 유치원과 학교에 다니므로 각자의 일상이 달라, 사회성 훈련을 위해 다른 상황 자극을 제시해야 할 것이다. 이처럼 대상의 연령과 가정 환경, 유치원, 학교 및 실제 언어 발달 수준을 고려하여 수업을 준비해야 할 것이다.

 치료사는 교구도 많이 사용하게 되는데, 넘치는 교구들을 보자면 안 사고 싶은 게 없을 정도이다. 하지만 내 돈으로

다 사기엔 부담스럽고, 원장님에게 매번 사달라고 하기도 눈치가 보일 수 있다. 각 센터마다 교구를 구입 하는 주기가 있기도 하고 필요한 것을 말하면 사 주기도 한다. 여러 대상에게 동시에 활용할 수 있고, 꼭 사고 싶은 교구가 있다면 원장님에게 각 대상자의 상화과 특성에 대한 이야기를 나누며 교구를 어떻게 활용할 것인지 이야기하고 구매를 요구해도 좋다. 치료사가 아이들을 위해 활용할 교구를 필요로 한다면 적극 구매해 줄 것이다.

 인스타를 활용해도 좋다. 요즘 치료사들은 인스타로 활발히 소통하고 있고, 그곳에서 여러 가지 교구에 대한 정보를 나누고 무료 자료 나눔도 많이 한다. 유료 자료도 구매할 수 있는데, 네이버 카페 "말자람이 바구니"에서 구하는 자료는 충분히 가치가 있다고 생각한다. 자료를 그리고 편집하는 것은 많은 노력과 시간이 필요하다. 그리고 많은 교재들이 출간되고 있는데, 목차를 잘 살펴보고 후기도 체크하여 꼭 필요하다면 사서 활용해보는 것도 좋다.

02. 부모 상담 기술

영유아 부모

요즘 바우처 지원을 받는 영유아들이 참 많다. 부모들이 처음으로 아이를 낳고 키우는 것은 많은 에너지가 필요하다. 아이에게 어떻게 반응해줘야 하는지 잘 아는 부모도 있고, 아이와 노는 것이 도통 어려운 부모도 있다. 그러나 이는 문제가 아니며 그저 한 인간의 기질과 성향, 성격에 따른 차이라고 할 수 있다.

또 영유아동과 열심히 수업을 하고 상담도 성심성의껏 해드리는데 부모님의 반응이 영 신통치 않은 경우도 있다. 가정에서 해야할 과제를 제시해도 잘해 오지 않기도 한다. 참 모든 것이 내 마음처럼 움직이는 것이 없다고 생각되지만 그것을 그대로 받아들이면 된다. 사람들은 각자 다른 환경에서 다른 부모의 기질을 물려받고 성격을 형성하며 자라왔다. 하지만 중요한 것은 아이를 가장 사랑하는 것은 부모님이라는 사실이다. 부모의 반응이 시큰둥하더라도 치료사의 마음까지 동요할 필요는 없다. 이 작고 예쁜 아이가 말이나 발달이 좀 늦은 것이 엄마는 얼마나 속상할까. 엄마의 반응에 상처받지 말고 먼저 마음을 내어 상담할 때 안부 인사를 해주면 좋다. 부모가 왠지 피곤해 보인다면 "어머니, 어젯밤에 00이가 잠을 잘 잤나요?"라고 하면 에피소드들을 말씀하실 것이다. 그러면, "어머니께서 많이 힘드셨겠어요. 어젯밤에 고생이 많으셨네요. 에구, 00이도 잠을 못 자서 오늘 좀 피곤하겠어요. 컨디션 안 좋았을 텐데도 오늘 수업에서 이런 반응까지 나왔어요. 정말 대견하지요."라고 하면 지쳐있던 부모의 눈빛도 반짝일 것이다.

영유아 부모님들은 대부분 열정이 있으시고 우리 아이가 뭘 배웠는지 궁금해 하시고 많은 걸 배우고 싶어 하신다. 가정으로 보낸 과제도 열심히 하시면 정말 감사할 따름이다. 이런 부모에게는 치료사가 미혼이고 양육 경험이 없더라도 자신의 지식을 전문적으로 전달하면 된다. 우리는 아이에게 어떻게 언어 자극을 주어야 하는지 놀이할 때 언어 촉진을 어떻게 해야하는지 이론적으로 배웠고, 관찰도 했으며 실습을 거쳐 국가 검정고시를 합격한 전문가들이다. 전문 언어 치료사라는 것을 기억하고 어떻게 해야 하는지 당차게 알려드리면 된다.

기억할 것은 좀 지쳐 있는 부모님에게는 격려와 공감을 해드리고 열정 있는 부모님들에게는 전문적 지식을 알려드리면

된다는 것이다. 양육 경험이 없으신 선생님들도 충분히 해내
실 수 있는 일이다. 상대의 마음을 입장 바꿔 생각해 보는
것이다. 내가 밤에 자다가 3번씩 깬다면 어떨 것 같은가?
아이의 우는소리를 계속해서 듣는 것은 어떤 기분일 것 같
은가? 혼자만의 시간을 가지고 싶지만 가질 수 없다면 어떻
겠는가? 역지사지해본다면 상대를 배려하는 힘은 더 강해질
것이다.

결석을 자주 하는 부모

영유아동의 경우 갑자기 밤에 열이 나거나 감기가 들고, 컨디션이 안 좋아 밤잠을 설쳐 갑자기 결석을 하는 경우가 종종 있다. 갑자기 아픈 것을 어떻게 하겠는가? 당연히 병원에 가야 하고 컨디션이 안 좋으면 수업보다는 쉬는 것이 먼저인 것이 맞다. 하지만 이것이 자주 반복되는 아동이라면 힘이 빠지기 마련이다. 반복적으로 결석하게 되면 부모님도 치료사에게 미안해할 것이다. 그러니 수업을 처음 시작할 때 동의서를 받아두는 것도 하나의 방법이 될 수 있다. 내가 운영하는 센터의 이용 동의서를 첨부하니 참고하여 사용해 봐도 좋겠다.

말하는 기술 또한 언어 치료사가 갖추면 좋다. 관련 도서를 읽고 센스 있는 말 기술을 배워두면 부모 상담에 유용하게 사용될 것이다. 관련 도서를 10권만 읽어도 살아가는 데 지혜롭게 사용하여 인간관계에도 좋은 영향을 미치게 될 것이다.

첨부-1

아동·청소년 발달센터

센터 규정

1. 상담, 수업 시간을 잘 지켜주세요.
2. 교육비 선납 후 수업이 진행됩니다.
3. 특별한 사유 없이 당일 수업에 결석한 경우 교육비는 환불되지 않습니다. 사전에 연락을 주시면 월 1회에 한하여 보강을 진행해 드립니다.
4. 보강 수업 결석 시 재보강은 진행되지 않습니다.
5. 안전사고가 발생하지 않도록 주의하여 주세요.
6. 수업이 진행되는 동안 동반하신 보호자 및 가족은 정숙해 주세요.

위의 사항에 동의하십니까? 예 ☐ 아니요 ☐

아동이름 _____

보호자 _____(인)

어머니께 위와 같은 센터 규정에 대해 첫 수업 시 안내해 드리면 수업 시간을 잘 지켜주시겠지만, 센터 내 규정에 대해 하나씩 설명해 드리고 사인까지 받아두면 결석하는 일이 발생하였을 때, 좀 더 큰 목소리를 낼 수 있다. 시간의 중요성에 대해 다시 한번 언급해드릴 수 있으니 부모님들도 시간의 중요성을 더욱 인지하실 것이다.

　꿀팁을 하나 알려주겠다. 당일 수업 취소가 되어서 보강을 해야할 상황이 되었다고 해보자. 원래는 당일 취소의 경우 보강이 되지 않지만 다음 수업 시간부터 10분씩 보강을 챙겨 드리겠다고 하면 부모님께서 아주 좋아하실 것이다. 못할 뻔한 보강을 할 수 있게 되니 신뢰 관계가 더 두터워질 것이다. (간혹 10분씩 보강하는 것을 꺼려 하시는 부모님도 계시니 적절하게 사용하기를 바란다.)

장애 진단을 받지 않은 부모

장애 진단을 받기까지의 부모님들의 마음을 우리는 감히 알 수 없을지도 모른다. 그저 어렴풋이 공감하려들 뿐 이다. 그러니 우리는 그 마음에 상처를 덧나게 해서는 안 된다. 그런데 한편으로는 언어 치료사로서 사실을 전달해야하는 의무를 가지고 있기도 하다. 도대체 어떻게 해야할까?

생후 36개월이 지난 영유아동으로서 자폐 성향이 뚜렷하여 언젠가는 발달 장애 진단을 받게 될 아이가 있다. 혹은 6세가 넘었지만 진단을 받지 않은 아이의 부모님, 지적 장애로 진단받을 법하지만 진단을 받을 생각이 없으신 부모님 등등 다양한 사례가 있다. 부모님들은 자녀가 장애 진단을 받는 것을 아직 받아들이기 힘들어서 그저 언어 치료, 미술 치료, 놀이 치료, 감각 통합 치료, 등의 수업을 받으며 아이가 정상적으로 발달해주기를 하루하루 기다리고 있을지도 모른다. 나는 이런 부모님들에게 아이에 관하여 좀 더 긍정적인 것, 아이가 잘한 것에 초점을 두어 희망적인 상담을 해드리는 것을 지향하는 편이다. 물론 적절한 조절이 필요하다. 희망 고문을 하라는 것이 아니라 현재 아이의 발달 상태를 있는 그대로 전달하되, 수업 시간에 잘한 점에 대해 많이 말씀드리면 좋다는 것이다. 예를 들어 6세, 무발화, 상동 행동을 보이는 아동이라면 기본적인 상호 작용, 언어 이전 의사소통 행동이 목표가 될 수 있다. 하지만 어머니는 아이가 말을 하기를 원하시고, 글자도 쓰면 좋겠다고 하신다. 물론 호명 반응, 눈맞춤, 요구하기 등이 목표가 되어야 하는 것이 맞다. 여기에서 어머니의 욕구를 반영해줄 수 있다. 쓰기는 이후의 과제일 수 있지만, 잠깐이라도 선 긋기 활동을 하면서 그 안에서 상호 작용과 요구하기 능력, 긍정, 부정 등의 표현을 이끌어 낼 수도 있는 것이다.

언어 치료사는 마음이 참 많이 쓰이는 직업인 것 같다. 치료 대상자로부터 감정이 전이되어 무거운 감정을 많이 느끼게 된다. 이때 우리는 에너지를 소모하는 방향이 아닌 반대의 방향으로 활용하여 아이가 이뤄야 할 발달에 대해 더 초점을 두고 아이의 연령과 상황에서 필요한 것과 어머니의 욕구도 함께 버무려 계획하여 지도하는 것이 좋다.

잘 잊어버리는 부모

부모님께 보강에 대한 규정도 안내해 드려서 시간도 잘 지킬 것 같고 결석도 잘 안 할 듯하지만 예상 밖의 상황은 언제나 우리 곁에 있다. 수업 시간이 바뀌었거나, 보강하게 되어 시간을 안내해 드렸는데, 깜빡 잊었다고 하시며 시간에 맞춰 못 오시는 경우가 있다. 이는 종종 있을 수 있는 일이다. 나도 마찬가지라서 잊지 않기 위해 메모에 집착한다. 시간 변경이나 보강도 잘 챙기시는 부모님들이 대부분이지만 잘 잊어버리는 부모님이 계신다면 우리가 좀 챙겨드리자. 만약 한 아이가 매주 월요일 오후 3시에 수업을 받다가 목요일 오후 4시로 옮기게 되었다면 첫 수업을 받게 되는 날 하루 전에 부모님께 문자를 보내드리는 것이다. 사실 '이런 것까지 챙겨야 하나?'라는 생각이 들 수도 있고 귀찮게 생각될 수도 있다. 우리는 분명히 안내해 드렸고, 그 이후에는 어머니께서 챙기셔야 하는 것이 맞다. 하지만 좀 바쁘신 분이거나 잘 잊어버리는 분이시라면 우리가 마음을 좀 내어서 챙겨드리는 게 어떨까? 이렇게 하면 수업 전에 한 번 더 안내 문자를 보내드리는 것이므로 치료사에 대한 만족도와 신뢰도가 올라갈 것이다. 우리 입장에서도 결석하지 않고 참여하시는 것이 좋지 않은가? 아이의 수업 흐름에도 좋은 영향을 끼칠 것이다. 그러니 잠깐 시간을 내어 문자 한 통을 보내드리자. 부모님께서 아주 고마워하실 것이다.

치료사를 바꿔 달라고 하는 부모

 이런 일을 한 번이라도 겪어보지 않은 치료사는 없을 것이다. 누군가에게 거절당하는 것은 심리적으로 참 견디기 힘든 일인 것 같다. '내가 무엇을 잘못한 걸까, 나는 왜 이렇게 치료를 못할까, 나는 왜 이렇게 상담이 어렵지?'와 같은 여러 가지 생각들로 마음도 복잡해져서 다른 치료 수업에서도 집중이 안 될 수도 있다.

 이 상황에서는 어떤 말을 들어도 위로가 되지 않을 수 있다. 그러나 이 마음을 해결할 수 있는 것 또한 나 자신뿐이다. 이것을 기억해보자. 세상 모든 사람들이 다 나를 좋아할 수는 없다는 것을. 내 주변에 친구만 봐도 나랑 잘 맞는 친구가 있고, 뭔가 잘 맞지 않아 가까워지기 힘든 친구도 있다. 아이의 부모님과의 관계도 마찬가지이다. 내가 충분히 수업 준비를 하고 열심히 상담했음에도 불구하고 치료사를 바꿔 달라고 한다면 그분은 나와 맞지 않은 것일 뿐이다. 내 수업 방식이 마음에 들지 않았든 나와의 대화가 맞지 않았든 그냥 받아들이자. 모든 사람의 마음에 들려고 내 자신조차 해치는 일은 하지 않는 게 좋다. 나의 방식과 전문성으로 타당하게 치료하고 소신껏 상담해드렸다면 잘못한 것도 아니고 부끄러울 것도 없다. 부모의 요구대로 너무 휘둘린다면 오히려 전문성에 대해 오해받을 수도 있다. 우리는 전문가이다. 이것을 인식하고 당당하게 그리고 마음을 다해 수업하고 상담할 뿐이다.

그리고 내가 센터장으로 있는 지금, 부모님이 이런 요구를 해오신다면 나는 아마 치료사 선생님에게 이 말을 하지 않을 것이다. 세상에서 솔직하지 않아도 될 일들이 있다. 센터 안에서 선생님을 바꿔드리는 일은 하지 않을 것이다. 원하지 않는다면 어머니께서 떠나실지라도. 나와 함께 하게 된 나의 선생님들의 노력을 알기에, 그 마음의 진심을 알기에 솔직하게 말하지 않을 것이다. 이걸 읽고 계시는 센터장님들이 계시다면 초등학교 교과서에 나오는 입장 바꿔서 상대의 마음을 생각해 보라는 말을 기억해 주시길 바랍니다.

살아가면서 여러 가지 거절 상황을 겪으면 마음이 힘들 수 있다. 치료사를 바꿔 달라는 말을 듣거나, 수업을 그만둬버리는 부모를 반복해서 겪으면 자존감이 많이 떨어질 수 있다. 그러나 이전에 말한 바와 같이 헛된 시간은 없다. 그 모든 것이 모여 내가 만들어 지는 것이다. 깨닫는 것이 있거나, 내가 잘못한 것이 있다면, 보완해서 더 멋진 치료사가 되면 된다. 모든 것은 인정하면 별것도 아니더라.

말로 상처 주는 부모

치료사로 일하며 만나는 수많은 부모들 중에서 간혹 말을 참 모질게 하여 상처를 주는 분들이 있다. 의도적으로 상처를 주는 것일 수도 있고, 의도하지 않았지만 상처되는 말일 수도 있다. 우리도 인간이기에 막말 듣고 웃음이 나오지 않는다. 그러나 기분이 좋지 않다고 부모와 말싸움을 할 수도 없는 노릇이니 난감하기만 하다.

세상에는 정말 수많은 다양한 사람들이 존재한다. 누구의 말과 행동이 정답일까? 우리는 사회적인 약속이 정한 선을 넘지 않는 말과 행동을 하며 살아간다. 상대의 좋지 않은 행동을 되갚아주는 것보다 좀 더 지혜로운 방법을 생각해보자. 그것은 더 멋지게 수업해내는 것일 수도 있고, 논문과 책을 읽어 지식의 수준을 높여 더 멋지게 상담하는 일일 수도 있다. 치료사와 부모의 관계는 갑과 을의 관계가 아닌 한 아이를 위해 서로 협력해야 하는 조화로운 관계여야 한다. 다시 한번 대화의 기술에 관한 책을 읽어보길 권장한다. 상대가 나에게 함부로 말실수 하지 않도록 하기 위해서 내가 더 배려 깊은 말을 하고 마음 깊은 행동을 한다면 상대도 나에게 좀 더 배려 깊게 말하려 할 것이고 행동하려 할 것이다. 이것은 삶의 인간관계 전체에도 적용되는 것이다.

수업 시간에 늦는 부모

　매번 좀 늦는 부모님들이 있다. 그럼 다음 시간까지 영향을 미치니 신경 쓰이기 마련이다. 예를 들어 부모님과 상담 시 우리 수업 시간은 10시 10분에 시작하고, 50분에 수업이 끝나며 10분간 상담 시간이고 11시에 다른 친구의 수업이 시작한다고 안내해 드린다. 어머니께서 좀 늦으시면 상담 시간을 빼고 최대한 수업을 해드릴 수 있지만, 그만큼 상담 시간은 부족할 수 있다고 말씀드린다. 실제로 다음 시간에 또 늦었다면 좀 딱 떨어지게 상담도 끊고 다음 수업을 한다. 이것도 부모님의 스타일마다 적용할 수 있는 방법이 다 다를 수 있다. 수업 시간을 좀 줄여서라도 상담을 더 하기를 원하실 수도 있다. 어머니께 수업 시간과 상담 시간을 조율할 수 있음을 안내드리고 결정하시게 한다. 결론은 어쨌든 늦은 시간 만큼은 다음 수업으로 인해 할 수는 없는 것을 알려드릴 수 있다. 상담을 모두 하기를 원하시는데 수업 시간에 늦는다면 어머니께 정확하게 안내해 드릴 수 있다.

"어머니 저도 수업한 것을 충분히 안내해 드리고 싶고, 어머니와 이야기 나누는 것도 너무 좋아요. 가정 과제를 충분히 잘 해주시는 것 또한 너무 감사하고요. 그런데 뒤에 있는 친구도 약속된 시간이 있으니 수업 시작이 늦어지면 상담을 충분히 못 해서 너무 아쉬워요. 그러니 시간에 잘 맞춰 와주시면 00이 수업도 편하게 시작하고 상담도 충분히 할 수 있으니 5분 미리 도착하셔서 대기해 주시면 여유롭게 수업도 시작하고 상담할 수 있답니다."

상대가 시간을 못 지키는 것은 잘못한 일이 맞지만, 잘못을 지적당하는 것도 불편해하는 것이 사람이다. 그러므로 잘못에 대한 지적보다는 우리가 해야 하는 목적과 필요한 것을 해내기 위한 시간 약속의 중요함을 알려드리고 잘 지켜주시기를 요구할 수 있고 그래도 늦는다면 그것은 부모님께서 감수해야 할 일일 것이다.

자기 생각이 강한 부모

부모님께서 내가 수업하는 방향이나 방식에 대해 자꾸 말을 하시고 자기가 어제 읽은 책에서는 이렇게 하지 않더라면서 자기 방식을 고집하신다. 이런 부모님을 만난다면 우리는 어떻게 지혜롭고도 편안하게 풀어갈 수 있을까? 사람의 생각은 모두 다르다. 어떤 사람은 자신만의 고정 관념이 매우 강하다. 그 사람 입장에서는 그 말이 맞는 것이다. 하지만 우리는 서로 배려하고 이해하며 상황에 적합한 것이 맞는지 끊임없이 고민하며 살아가야 한다. 자기 생각이 맞다고 고집하는 부모라면 그 부모님을 그대로 인정해보자. "당신의 말이 맞습니다."라고 얘기해 주는 것이다. 그분의 입장에서는 그 말이 맞는 것이 맞다. 이것을 그냥 관찰자 입장에서 바라보면 화가 날일 도 없고 부딪칠 일도 없다. 아이를 위해 수업 준비를 하거나 치료 목적을 세울 때 여러 가지를 고려하여 계획한다. 이때 진짜 필요한 부분을 넣는 것과 함께 부모의 요구 사항도 적절하게 수용해 주는 것이다. 사람은 자신을 인정해주는 사람을 신뢰하기 때문에 부모의 요구 사항을 수업에 반영해서 진행한다. 무작정 자신의 생각을 고집하는 게 아닌 아이를 가장 사랑하는 사람이 필요하다고 생각한 것을 토대로 수업하며 그 마음을 인정해 주는 것이다. 그러면 부모는 치료사를 더 신뢰하게 되고 어느새 수업에 잘 따라와 주고 있을 것이다.

상담하러 오지 않는 부모

초등학교 고학년이거나 중고등학생의 대상자의 경우 대부분 혼자 센터를 다닌다. 스스로 다니는 것이 대견하고 또 상담을 하지 않아도 되니 편하다고 생각할 수도 있다. 하지만 우리는 이런 부모님들에게도 어떤 수업을 하는지 이달의 계획은 무엇인지 안내해야 할 의무가 있다. 계획서를 아이 편으로 보내고 전화로 상담을 진행한다. 한 달에 한 번 정도 10분 이상 전화를 드려 아이와 했던 것들에 대해 상담하고 그간 아이의 학교생활이나 가정생활을 여쭈어보며 따뜻한 이야기를 나누는 것이다. 잠깐이면 된다. 이렇게 먼저 마음을 내어 상담을 진행하는 것은 치료사에게 더 큰 마음의 충족감으로 돌아올 것이다.

수업 성과를 재촉하는 부모

 수업을 하다보면 치료사인 내가 보기엔 반응도 잘하고 너무 잘 따라와 주고 있는 아이인데, 부모 입장에서는 언제쯤 좋아질 수 있느냐고 반복하여 물어보시는 경우가 있다. 또는 참 발달이 더디어서 치료사도 걱정이 많이 되어 열심히 수업해지는 아이도 있다. 그 마음이 왜 드는 것일까? 아이에 대한 걱정, 또래와 같아지길 바라는 마음, 말을 좀 더 잘했으면 하는 바람, 여러 가지의 사랑의 걱정일 수 있겠다. 반복하여 언제쯤 좋아지겠냐고 물어보신다면 치료사 입장에서는 부담스러울 수밖에 없다. 그 마음 백번 이해가 간다. 그때 우리는 어머니의 마음을 먼저 공감해 보는 것이다.

 어머니께서
"선생님, 우리 00이가 언제쯤 좋아질까요? 말을 하기 싫은 것 같아요."라고 하신다면, "어머니, 00이가 많이 걱정되시지요? 그런데 오늘 수업 안에서 이전에 하지 않았던 2음절 모방이 나와 주었어요. 정말 기특하지요. 모방이 시작된 것은 굉장히 좋은 신호이고 이것이 점차적으로 다른 단어의 모방으로 퍼지면서 자발화로 이어지는 것이에요. 아이들이 갑자기 말하는 것 같을 수 있지만 결국 발달할 단계 모두 하나하나 거쳐서 발달하는 것이랍니다. 그러니 이 2음절 모방의 첫 신호는 아주 기쁜 소식이에요. 앞으로 여기서 00이의 발달 속도에 맞게 차근차근 성장해 나갈 것입니다."

어머니가 계속 같은 질문을 하신다는 것은 걱정하시고 있다는 것이니 먼저 그 말에 공감하고 인정해 주면서 아이가 발달해가고 있는 기특한 상황을 잘 전달해 드리면 된다. 그러면 어머니도 어느새 그 질문을 하지 않으실 것이다.

가정 과제를 하지 않는 부모

　우리는 최선을 다해 수업을 한다. 그런데 일주일에 두 번 40분 수업하는 것만으로는 역부족인 경우가 많으므로 가정으로 과제를 많이 내어 드린다. 그런데 그조차 해 오지 않으면 답답한 마음이 들고 조급해지기도 한다. 과제만 잘해 오시면 아이가 더 잘 발달할 수 있을 것 같기도 하다. 그런데 과제를 하는 것이 생각보다 쉽지 않은 경우가 있다. 과제를 하지 않으려는 아이와 엄마가 티격태격하다가 급기야 엄마가 소리를 치는 경우가 생길 수 있다. 그래서 과제도 엄마의 입장에서 그리고 엄마의 스타일에 따라 제시하는 것을 고려해 본다. 꼼꼼하게 열심히 해 오시는 부모님들에게는 좀 더 꼼꼼히 챙겨서 과제를 내어 드리면 되고, 안 해 올 때도 있는 부모님이라면 성취할 수 있을 법한 과제를 내어 드리는 것이다. 부모님도 과제를 해야 한다는 것을 알고 있을 것이다. 그러니 해냈을 때의 성취감도 느낀다면 서로 좋지 않겠는가. 어머니가 과제를 하기 좀 힘든 상황이라면 할 수 있을 법한 과제를 제시하는 센스를 발휘해 보자. 엄마들은 집에서 아이의 과제 외에도 해야 할 일이 참 많으니까.

그리고 과제를 수행하며 분명 도움이 될 수 있는 부분을 충분히 안내해 드리고, 잘하지 못한다고 지적하지 않으며 조금이라도 챙긴 부분은 칭찬하고 격려해 드리자. 예를 들어, "아이들 챙기고 집안일 하느라 바쁘시지요? 그래도 이 정도라도 과제를 해주셔서 너무 감사합니다. 모두 다 해내려는 생각보다는 자기 전에 잠깐이라도 인식하고 해주시는 것만으로도 너무 잘하고 계세요."라고 칭찬 세례를 퍼붓는다면 그러면 가정에서 조금 더 신경 쓰실 것이다.

양육 태도가 서툰 부모

 부모 양육 태도는 영유아동에게 많은 영향을 미치기 때문에 중요한 부분이다. 언어 치료 외에도 부모가 아이를 대하는 태도를 잘 갖춘다면 아이는 더 말을 잘 배울 수 있다. 부모 양육 태도 검사는 주로 심리 선생님들이 하는 것인데, 이것은 언어 치료사도 꼭 숙지하고 배워야 할 기술이다. 이는 PAT 부모 양육 태도 검사라고 하는데 이것을 꼭 공부하길 권한다.

 부모님이 아이에게 적절하게 칭찬과 격려를 하고 아이의 수준에 맞게 합리적 설명을 하며 적절한 성취 압력을 주어 스트레스 조절 능력을 키워주고, 과하지 않은 감독과 간섭을 통해 훈육을 일관적으로 하는 것이 좋다. 그런데 부모가 감정적으로 아이를 대하거나 칭찬에 인색하거나 성취 압력을 제대로 주지 않고 뭐든지 해줄 때-예를 들어, 영유아의 경우 신발 신기, 양말 신기, 손 씻기, 양치하기 등과 같은 자조 기술, 7세 이후의 학습과 관련된 성취 압력 등- 스트레스 조절 능력을 키우지 못해서 아이가 스스로 견뎌내는 힘이 약해질 수 있다. 이는 자기 조절 능력 상실로까지 연결될 수 있다. 이러한 전반적인 양육 태도의 흐름을 이해하고 공부하면 이 검사 결과를 가지고 이야기 나누는 것만으로 아이와 어머니에 대해 좀 더 파악할 수 있고 어머니께서도 아이에 대해 더 알아가려는 치료사의 모습에 신뢰감을 더욱 향상될 것이다. 그 상담을 토대로 가정 과제를 제시할 수도 있고, 치료실 안에서 수업과 연관된 어머니의 반응 또한 상담해 드릴 수 있을 것이다.

교사 부모

보육 교사 및 초중등 교사인 부모님들이 있다. 그럼 왠지
모르게 더 전문적으로 대처해야 할 것 같고, 내 전문성이 탄
로 날 것 같은 생각이 들기도 한다. 두려운 감정이라 할지도
모르겠다.

교사라고 해서 모든 것을 알지는 못한다. 알고 대처했다면
나에게 찾아오지 않았을 것이다. 도움이 필요하여 나에게 오
신 것이니, 해 오던 대로 수업하면 된다. 나도 참 많이 떨었
었다. 1년 차, 2년 차, 3년 차에 이런 생각도 했었다. '10년
뒤엔 편안하게 수업하고 상담할 수 있게 될거야.' 심각한 쪽
보였다. 늘 긴장해 있었고, 잘하고 싶었었다. 세월 지나보니
하나의 결론으로 도달하게 되었다. 나는 아이들을 좋아하고
예뻐한다는 것이다. 이 마음은 진심이며 나에게 온 아이들이
진심으로 좀 더 건강하게 발달하기를 바란다. 그래서 고민하
여 수업을 준비하고 자료를 만들기도 하고, 책도 찾아서 읽

고 논문도 찾아서 읽는다. 이제는 센터를 운영하고 있고 대부분의 수업을 선생님들께서 멋지게 해주시고 있다. 이제는 어떻게 베풀 수 있을지 고민하는 것뿐이다. 모두 나누어 주고 싶고 사랑하며 지내고 싶다. 그렇게 사랑의 마음으로 모두를 대하고 감사한 것에 초점을 맞춘다면 어떤 것도 두려울 것이 없고 그저 감사할 뿐이다. 교사 어머니께서 얼마나 고민이 많으셨을까. 공감해주며 내가 할 수 있는 전문지식으로 아이를 위해 오늘 하루 수업할 뿐이다. 정말 그거면 된다.

한 부모 가정

 아버님이든 어머님이든, 한 부모 가정의 아동을 수업하고 상담하는 일은 늘 겪게 된다. 중요한 것은 아이의 연령과 상황, 그리고 현재 수준을 넓게 고민하여 똑같이 수업을 제공하고 상담을 하면 된다는 것이다. 상담 시 어떤 위로를 건네려 하거나 안쓰러운 마음을 가지지 않아도 된다. 누구보다 씩씩하게 아이를 키워내고 있는 부모를 위해 내가 할 수 있는 수업을 제공하면 되는 것이다. 다른 것이 뭐가 있단 말인가? 또 다른 색안경을 끼고 아이나 부모를 바라봐서도 안된다. 한 부모 가정이라서가 아니라 모두의 가정에는 그들만의 어려움이 있을 수 있고 그들은 그것을 헤쳐 내며 살아간다. 그것은 한 부모 가정이든 보통 가정이든 다를 바가 없다. 우리의 가정 또한 모두 내비칠 수 없는 깊은 상처들이 존재하고 있지 않는가? 그것들을 인정하고 스스로를 토닥이며 우리 모두는 그렇게 똑같이 살아간다. 우리는 모두가 평등하다.

그 이외 부모의 불편한 행동

　부모가 불만 사항이나 요구 사항이 있을 때 담당 치료사인 나에게 말하지 않고 원장님에게 가서 말하는 경우가 있다. 그 이야기를 원장님에게 전해 들으면 불편한 감정이 올라오기 마련이다. 내가 아동의 담당 치료사이고 수업도 내가 하는 것이다. 상의할 것이 있으면 치료사와 하는 것이 맞다. 그런데 왜 부모는 원장님에게 말한 것일까. 생각해 보면 이해가 갈 수 있다. 직접 말하기가 어려워서 원장님에게 말한 것이다. 어떤 내용의 이야기인가에 따라서 부모에게 자신과 상의해도 좋으니 편하게 말씀하시라고 할 수도 있고, 부모가 나에게 직접 이야기하기 어려운 부분이라면 원장님을 통해서 소통할 수도 있다고 생각하라. 그것도 그 어머니의 성향이라고 받아들이고 나는 내 자리에서 할 수 있는 일을 하면 된다. 멋지게 수업해 내는 일, 수업 내용의 질을 높여서 만족도를 높임으로써 뭐든지 나와 상의하게 만들 수도 있고, 일부는 원장님과 소통하면서 치료해 나갈 수도 있다고 받아들이자.

　간혹 무리한 요구를 하시는 부모들이 있다. 시간 오버된 상담을 당연시 여기거나 상담시간 대신 수업을 더 해달라고 하거나, 당황스러운 요구를 하는 부모가 간혹 있다. 이럴 때는 원장님에게 도움을 요청해도 좋고, 본인이 말할 수 있다면 안 되는 이유에 대해 안내드리면 된다. 40분 이상 수업하는 게 큰 의미가 없는 친구일 수도 있고, 센터의 규정에 따라 수업 시간이 정해졌다고 할 수도 있고, 뒤에 수업하기로 약속된 친구가 있어서 불가능하다고 할 수도 있다. 그게 아니라면 수업을 좀 더 해 줄 수도 있다. 수업 시간에 늦게 왔는데 40분 수업과 10분 상담을 모두 챙기려는 부모도 있다. 뒤 시간이 점심시간이라 수업이 없다는 것을 아는 것이다. 뒤에 수업이 없다고 시간을 넘겨서 해 달라고 요구해도 되는 것인가? 센터에도 정해진 점심시간과 퇴근 시간이 있지 않은가? 이는 부모가 지켜야 할 매너인데, 말하기 어렵다면 원장님께 도움을 청하라. 아니면 마음 내어 조금 더 해 줄 수도 있다. 하지만 빈번히 반복적으로 당연시하여 말하기 어렵다면 아이에게 말하면 된다.

"어머니 오늘 오시는 길은 괜찮으셨어요? 오늘 00이는 이런 자극에 이렇게 반응해 주었어요. 매번 반응해 주려는 모습이 정말 기특해요."
"그랬군요. 선생님, 집에서 이런 건 어떻게 해줘야할까요?"
질문이 많으셔서 상담이 길어진다면 질문에 충분히 이야기해 드리고 시간이 되어 가면 시계를 보는 제스처와 책상의 물건을 좀 정리하는 행동을 한다. 그리고 아이에게 말하는 것이다.
"00아, 이제 갈 시간이 되었네요. 정리합시다."
부모의 말을 끊는다는 느낌이 들지 않게 이야기가 마무리될 쯤 적절하게 사용해 보길 바란다. 시계 보는 행동만으로 눈치 못 채는 부모님도 계시니 가자고 말로 해야 하지 않겠는가. 그리고 서로 기분 상하지 않게 즐겁게 집으로 가자.

03. 누구나 할 수 있는 일

전자책 출판하기

요즘 감사한 선생님들이 매우 많다. 자료를 만들어서 무료 공유를 해 주신다. 주로 인스타에서 많이 소통하고 블로그에서 자료를 업로드 하는 경우가 많다. 자료를 만들어 본 사람으로서 자료를 만드는 것이 결코 단순한 일이 아니라는 걸 잘 안다. 그렇기에 그 노력의 결과물을 나누어 주심이 정말 감사하다. 그런 것들을 보면서 '나도 한번 만들어 볼까?'라고 생각한 선생님들이 많을 것이다. 누구나 충분히 할 수 있다. 좀 귀찮은 일일 수 있지만 해보고 싶다면 도전해 보기를 권유한다. 어떤 자료를 만들어야 할지 막막하다면 우선 내 대상 아동에게 필요한 것을 만들어 보자. 필요한 자료의 목차를 체계적으로 정리하고 하나하나 만들어나가면 된다. 요즘은 누구나 손쉽게 출판 할 수 있는 사이트가 많이 있다. 예를 들어 부크크, 유페이퍼, 교보이퍼플, 크몽 등 있는데, 나는 부크크에서 출판하였다. 종이책은 규격에 맞게 제출해야 해서 좀 더 신경 쓸 것이 많다. 종이책을 사도 복사해서 쓰니 전자책을 만드는 것이 더 효율적이라고 생각되었고, 무단 복제에 대한 우려는 하지 않았다. 그것은 각자의 양심에 맡길 뿐이다. 부크크에서 출판한 책은 부크크 안에서만 살 수 있다는 단점이 있었다. 나는 아이들에게 유용한 교구를 스마트스토어에서 판매도 하고 있다. 그런데 어떻게 하면 교재를 좀 더 편리하게 구매할 수 있는지 생각해보다가 네이버에서 아이패드 굿노트 다이어리 속지를 PDF 파일로 판매하는 것을 보고 아이디어를 얻어 부크크에서 출판한 책을 네이버 스마트 스토어에 등록할 수 있었다. 네이버로도 구매할 수 있어서 더 친근하고 접근성이 좋았고 부크크의 수수료를 빼니 훨씬 더 저렴하게 판매할 수 있었다.

전자책은 아이패드 미니로 만들었다. 사용한 어플은 프로크리에이트, 키노트이다. 처음에는 말도 안 되게 만들었는데, 계속 하나하나 만들어 나가다 보니 어플을 사용하는 기술도 늘어나고 기능도 더 알게 되어 점점 더 활동지 만드는 것이 수월해졌다. 방법은 검색해서 배웠다. 자료를 만들다가 당장 지금 해야 할 기능의 방법을 모르면 그것을 네이버나 유튜브에 검색했고, 바로 사용해가면서 하나하나 배워가며 만들었다. 치료사로서 자료를 만들 수 있는 기술은 매우 유용한 것이라고 생각한다. 내가 필요로 하는 자료, 내가 상상한 자료를 만들어내는 과정은 아주 흥미롭다.

꿀팁을 주자면 무료 이미지를 사용할 수 있는 사이트는 픽사베이이고, 자료의 디자인에 대한 소스는 핀터레스트에서 구할 수 있다는 것이다. 그래도 마음에 안 드는 것은 직접 그렸다.

이런 방법으로 수업에 필요한 자료를 하나씩 만들어서 모은 다음 전자책으로 출판하는 것이다. 우선 큰 맥락으로 목차 정리를 해 두고 시작하면 더욱 좋다. 이는 누구나 할 수 있을 만큼 쉬운 일이다. 그냥 하면 된다. 책 저자가 된다는 것, 멋지지 않은가?

 그리고 미리 캔버스라는 사이트가 있다. 이곳은 지금 베타서비스 중이라 모든 이미지를 무료로 사용하여 파워포인트 자료나 수업자료를 자유롭게 아주 쉽게 만들 수 있는 사이트이다. 상업적 이용 범위에 대해서는 사이트의 공지사항을 확인해 보면 된다. 내가 수업에 쓸 용도로 만드는 것이라면 무료로 퀄리티 높고 예쁜 그림 이미지를 이용해 만들 수 있을 것이다. 수업자료에 대한 아이디가 있다면 지금 바로 도전해보라!

수업자료 만들어서 공유하기

미리 캔버스라는 사이트가 있다. 이곳은 지금 베타서비스 중이라 모든 이미지를 무료로 사용하여 파워포인트 자료나 수업자료를 자유롭게 아주 쉽게 만들 수 있는 사이트이다. 상업적 이용 범위에 대해서는 사이트의 공지사항을 확인해 보면 된다. 내가 수업에 쓸 용도로 만드는 것이라면 무료로 퀄리티 높고 예쁜 그림 이미지를 이용해 만들 수 있을 것이다.

템플릿을 a4나 원하는 사이즈로 정하고 요소를 일러스트, 이미지등을 체크하여 검색하면 무료 이미지들이 아주 많다. 텍스트삽입, 모양삽입, 이미지 삽입이 자유롭게 이루어 지기 때문에 자료 만들기 프로그램을 배우기 어렵다면 이 사이트를 이용해 보길 바란다. 수업자료에 대한 아이디가 있다면 지금 바로 도전해보라!

부모 상담 기술

04. 글을 마무리하며

언어 치료를 하시는 선생님들이라면 아무래도 아이들을 좋아하고 이타적인 마음이 있으신 분들이리라고 생각한다. 우리 일은 많이 힘들면서도 보람찬 일이다. 많은 시행착오와 성취 속에서 오늘 하루 할 수 있는 일을 하며 성실하게 살아간다. 어른들은 말씀하신다. 시간은 번개처럼 빠르게 지나가 버린다고. 인생은 찰나의 순간이라고.

그렇게 빨리 지나가버릴 시간이라면 어떻게 살아야 할까? 오늘 하루 성실하게, 행복하게, 소중한 것을 느끼며 사랑하자.

읽어주셔서 감사합니다. 행복이 곁에 있기를.